SPRAWDZONE
STRATEGIE FOREX

*Poznaj Sprawdzone Strategie Handlu
Na Rynku Forex*

WAYNE WALKER

Książka ta została napisana mając jako cel przekazanie jak najbardziej dokładnych i wiarygodnych informacji. Przed podjęciem jakichkolwiek działań opisanych w niniejszej publikacji należy skonsultować się z profesjonalistami.

Oświadczenie to jest uważane za uczciwe i uznawane zarówno przez Amerykańską Radę Adwokacką, jak i przez Komitet Stowarzyszenia Wydawców i jest prawnie wiążące w całych Stanach Zjednoczonych.

Ponadto przekazywanie, powielanie lub kopiowanie którejkolwiek części poniższej pracy, w tym dokładnych informacji, będzie uważane za czyn niezgodny z prawem, niezależnie od tego, czy odbywa się to w formie elektronicznej, czy drukowanej. Zgodność z prawem obejmuje tworzenie drugorzędnej lub trzeciorzędnej kopii dzieła lub utrwalonej kopii i jest dozwolone tylko za wyraźną, pisemną zgodą Wydawcy. Wszelkie dodatkowe prawa są zastrzeżone.

Informacje na następnych stronach są zasadniczo uważane za zgodne z prawdą i dokładne przedstawienie faktów i jako takie wszelkie nieuwagi, wykorzystanie lub niewłaściwe wykorzystanie informacji, o których mowa, spowoduje, że wszelkie wynikające z tego działania będą leżały wyłącznie w zakresie kompetencji czytelnika. Nie ma scenariuszy, w których wydawca lub pierwotny autor tej publikacji może być w jakikolwiek sposób uznany za odpowiedzialnego za jakiekolwiek trudne doświadczenia lub szkody, które mogą spotkać czytelników po zapoznaniu się z informacjami przedstawionymi w niniejszej publikacji.

Spis Treści

Zrzeczenie się odpowiedzialności

Porady i strategie zawarte w tej książce są oparte na moim osobistym doświadczeniu oraz opiniach dotyczących tradingu i mogą nie być odpowiednie dla Twojej sytuacji tradingowej.

WPROWADZENIE

Zamiast wydawać tysiące złotych lub czytać 300-stronicowe książki, możesz nauczyć się realistycznych podstaw tradingu w znacznie krótszym czasie. Nie jest to jednak droga na skróty. Przewodnik ten zawiera techniki, z których korzystają profesjonalni i odnoszący sukcesy traderzy. Koncepcje te zostały przetestowane i poparte efektami klientów z moich seminariów.

Moja firma przyznaje dyplom tradingowy w oparciu o znajomość tych technik, których skuteczność została potwierdzona przez kilka uniwersytetów.

CZYM JEST FOREX?

W tym rozdziale omówimy rynek walutowy, jego uczestników, co sprawia, że rynek się porusza i dlaczego warto na nim handlować.

Czym więc jest Forex (Foreign Exchange) lub FX, jak nazywa go w skrócie wielu ludzi? Jest to najbardziej płynny rynek na świecie. Średni dzienny obrót to ponad 4 biliony dolarów amerykańskich. To ogromna liczba, a patrząc na nią z pewnej perspektywy zauważymy, że jeden dzień na rynku Forex to z grubsza 2-3 miesiące wolumenu obrotu na nowojorskiej giełdzie. Widać, że zakres jest potężny, co oznacza, że mamy tutaj dużą płynność i zaangażowanie wielu osób.

Forex jest przedmiotem obrotu OTC czyli obrotu pozagiełdowego, w przeciwieństwie do rynków akcji lub towarów, na których znajdują się centralne giełdy, gdzie spotykają się kupujący i sprzedający. Na Forexie jesteś tylko Ty i Twój broker/dealer.

Rynek Forex jest otwarty do handlu 24/5, od 05:00 w Sydney w poniedziałki do piątku do godziny 17:00 w Nowym Jorku. Mnóstwo czasu, które pozwala na całodobowy handel.

Ośrodki i Uczestnicy

Kim są ludzie zaangażowani w fenomen FX?

Najpierw przyjrzymy się centrom walutowym. Głównymi ośrodkami FX są Wielka Brytania, USA i Japonia. Odpowiadają za większość transakcji. Australia, Singapur i Szwajcaria są również ważnymi graczami na rynku, ale głównymi pozostają Stany Zjednoczone, Wielka Brytania i Japonia.

Banki i Instytucje Finansowe

To przede wszystkim duże banki i instytucje finansowe, które odpowiadają za około 50% transakcji. Handlują między sobą elektronicznie.

Zaangażowane są również banki centralne, których rolą jest interweniowanie w celu wpłynięcia na wartość swoich walut.

Przyjrzyjmy się temu bliżej. Najsłynniejsze banki centralne, Zarząd Rezerw Federalnych, a także Bank Japonii, są czasami znanymi aktywnymi uczestnikami rynku, próbując wpłynąć na siłę lub słabość swoich walut. Trader na rynku FX musi być świadomy ról, które te instytucje odgrywają.

Dodatkowi Uczestnicy

Istnieją obecnie fundusze hedgingowe FX, podczas gdy lata temu, gdybyś wspomniał o funduszach hedgingowych FX, większość ludzi nie wiedziałaby, o czym mówisz, ponieważ tak owe nie istniały. Istnieją fundusze, które handlują jedną konkretną walutą lub walutami regionalnymi.

Pozostali uczestnicy to brokerzy, zarówno głosowi, jak i elektroniczni, pełniący rolę pośredników między bankami a sprzedawcami. Banki i sprzedawcy zwracają się do nich o pomoc w znalezieniu najlepszych ofert, ale dni brokerów głosowych są policzone, ponieważ obecnie większość aktywności ma charakter elektroniczny. Istnieje wiele firm, które już nie korzystają z pomocy brokerów telefonicznych.

Zaangażowane są również korporacje, zwłaszcza międzynarodowe, ponoszące ryzyko walutowe, które należy zabezpieczyć, a także w celu własnych spekulacji. Kilka międzynarodowych korporacji posiada własne platformy handlowe, których używają do handlu z użyciem środków własnych.

Przykładem zabezpieczenia może być sytuacja, w której firma amerykańska kupuje towary z Japonii i otrzymuje fakturę płatną w jenach. Aby zabezpieczyć się przed potencjalną stratą, gdy należna kwota może wzrosnąć w USD z powodu wahań waluty, otwierają pozycję na rynku.

To o czym tutaj mówimy to usuwanie ryzyka utrzymywania określonego aktywa. Główny nacisk niekoniecznie jest kładziony na osiąganie zysku. Na przykład na rynku kontraktów terminowych możemy mieć hodowcę pszenicy i ma on, jak byśmy to ujęli, pszenicę na pozycji długiej. Boi się spadku cen, więc sprzedaje kontrakty terminowe na pszenicę, które mają być zabezpieczeniem na wypadek spadku. Jeśli ceny spadną, odrobi tę stratę. Nie osiąga zysku, ale usuwa ryzyko wynikające z posiadania pszenicy.

Cele Prywatne

Dla większości z nas podróże międzynarodowe są powszechną czynnością, dlatego większość osób podczas podróży będzie potrzebować waluty z miejsca docelowego.

Nie bez znaczenia są również nasze zagraniczne zakupy. Jeśli siedzisz w Nowym Jorku i chcesz kupić parę butów w Londynie przez Internet, zwykle nie przyjmą tam USD, więc będziesz musieć przeliczyć dolary na funty brytyjskie.

Istnieją również spekulacje, które były jednym z głównych czynników wpływających na to, że Forex stał się bardzo gorącym rynkiem w ciągu ostatnich kilku lat, na którym ludzie kupują i sprzedają tylko w celach spekulacyjnych.

Co porusza rynkiem FX?

Co się dzieje na rynku? Dlaczego się porusza? Otóż kilka rzeczy. Mogą to być plotki albo interwencja rządu. Na przykład jeśli Bank Japonii wejdzie na rynek, próbując wzmocnić jena, aby zapobiec spadkowi tej waluty, niektórzy handlowcy mogą to potraktować jako wskazówkę, aby otwierać pozycje długie (kupno) na jenach i pozycje krótkie (sprzedaż) na innych walutach w parze z jenem.

Dane

Jednym z głównych raportów jest lista płac poza rolnictwem. Ponadto za każdym razem, gdy FED, Bank Anglii, EBC lub Bank Japonii, itp. podejmują decyzję dotyczącą stóp procentowych, powoduje to silne poruszenie na rynku.

Wojny, akty terrorystyczne, czy to wydarzenia na Bliskim Wschodzie, czy w innych gorących regionach na świecie, mogą i często mają wpływ na rynek, a w niektórych przypadkach bardzo silny.

Banki centralne, jak już wspomnieliśmy o ich interwencjach, czasami będą źle mówić o danej walucie. Prezesi banków mogą wpływać na rynek bez wchodzenia na niego z bezpośrednią interwencją. Może się zdarzyć tak, że prezes banku centralnego wygłosi na konferencji prasowej uwagę mówiącą: "Myślę, że waluta staje się przewartościowana i być może będziemy musieli coś z tym zrobić" lub w niektórych przypadkach może powiedzieć "Siła waluty nas martwi i źle wpływa na naszą konkurencyjność". W zależności od tego, kto to mówi, wpływ takiej wypowiedzi może być ogromny, a w niektórych przypadkach wynika to z całkowitego niezrozumienia tego, co dana osoba próbowała powiedzieć.

Inne Wydarzenia

Wydarzenia polityczne i wybory również mogą mieć tutaj duże znaczenie. Ktoś może mieć jastrzębi pogląd na swoją walutę, więc po wybraniu takiej osoby na dane stanowisko, może to zostać odebrane jako sygnał, że ta waluta będzie się umacniać.

Poziomy techniczne są również ważne w przypadku niektórych walut, zwłaszcza w przypadku okrągłych liczb, na których inwestorzy lubią się skupiać. Przykładem może być para walutowa, która jest handlowana na poziomie 1.3995 i nigdy nie była powyżej 1.4000, a następnie zaczyna się gwałtownie zbliżać do poziomu 1.4000. Poziom 1.4000 może być wówczas postrzegany jako psychologiczny i będzie obserwowany bardzo uważnie, a jeśli zostanie przełamany, doświadczymy czegoś co nazywa się przełamaniem w górę.

Korzystając z naszego przykładu, jeśli cena pary walutowej wynosi 1.3995 i przekracza 1.4000, dochodząc do poziomu 1.4095, a następnie spada z powrotem do 1.3995, to wówczas powiedzielibyśmy, że było to fałszywe przełamanie, jednakże jest szansa, że może być ono realne i pozostać na poziomie 1.4095.

Dlaczego warto handlować na FX?

Możesz teraz sobie mówić, że są to świetne informacje, ale dlaczego miałbym chcieć handlować na rynku FX? Istnieje wiele powodów.

Płynność Finansowa

Powód numer jeden to płynność tego rynku, która nie ma sobie równych. Jak wspomnieliśmy na początku, tylko jeden dzień wymiany walut to dwa do trzech miesięcy wolumenu na nowojorskiej giełdzie. Jest to niesamowita różnica.

Handel 24 Godziny na Dobę

Masz możliwość handlowania 24 godziny na dobę. Możesz handlować w dzień lub w nocy. Żaden inny rynek nie oferuje takiej elastyczności i jest to świetne rozwiązanie dla większości handlowców, którzy są właścicielami firm lub mają pracę na pełny etat, a w niektórych przypadkach nawet dla studentów.

Pozycje Długie i Krótkie

FX daje możliwość otwierania pozycji długich i krótkich. Tradycyjnie większość ludzi jest przyzwyczajona do pozycji długich czyli kupowania określonych akcji, mając nadzieję, że wartość tych akcji wzrośnie. FX daje Ci możliwość zajmowania pozycji krótkiej. Jest to inny sposób patrzenia na rynek, ale może być on bardzo lukratywny. Jest to świetne narzędzie do wykorzystania rynku dla doświadczonych traderów.

Korelacja z innymi klasami aktywów

Występuje tutaj niska korelacja z innymi klasami aktywów, co jest ważne dla tych, którzy chcą mieć zdywersyfikowany portfel. W przypadku zawirowań na rynku, niezależnie od tego, czy dotyczy to towarów, czy akcji, Forex się bardzo wyróżnia. Akcje mogą spaść, a ceny towarów mogą eksplodować, ale Forex to Forex, poruszają nim inne siły. FX jednak nie jest tym w co warto wkładać 80% swojego portfela, niemniej posiadanie pewnej ekspozycji na FX jest rozsądnym rozwiązaniem.

Podstawowe Pojęcia z Rynku FX

Być może nie uczynię Cię z dnia na dzień super traderem, ale zrozumienie poniższych pojęć ułatwi Ci komunikację w społeczności Forex, a także rozmowę z partnerami handlowymi.

Twoja waluta bazowa to Twoja ekspozycja rynkowa, a waluta kwotowana służy do obliczania Twojego zysku i straty (P/L). Biorąc przykład EUR/USD, EUR jest Twoją walutą bazową. Twoja ekspozycja i kalkulacja zabezpieczenia zostaną wykonane w Euro. Zysk i strata zostanie obliczona w USD.

W zależności od waluty bazowej Twojego konta, Twój rachunek zysków i strat zostanie ponownie obliczony, więc w tym przykładzie (EUR/USD) i jeśli masz funta szterlinga (GBP) jako walutę bazową, zysk i strata z dolarów amerykańskich zostaną przeliczone na Twoją walutę bazową czyli GBP.

Mamy EUR/USD na poziomie 1.5800, co oznacza, że 1 euro jest warte 1.58 dolara, lub że euro jest silniejsze niż dolar amerykański.

Spread

Jest to termin, który często pojawia się wśród traderów. Spread to różnica między ceną kupna a ceną sprzedaży. Jeśli w ofercie cena sprzedaży wynosi 1.5800, a cena kupna wynosi 1.5802, mamy różnicę 2 pipsów. Powiemy wówczas, że spread wynosi 2 pipsy.

Long, Short i Square

Long

Kupujesz.

Short

Sprzedajesz.

Przykłady

Jeśli zajmujesz długą pozycję na EUR/USD lub długą pozycję w parze euro/dolar to masz długą pozycję w euro i sprzedałeś krótką pozycję w USD. Jeśli masz pozycję krótką euro/dolar, to masz pozycję krótką dla euro i długą dla dolara.

Square

Zamknąłeś pozycję. Mówiąc jasno, aby wyrównać długą pozycję o wartości 500,000 EUR/USD, musisz wejść w pozycję krótką 500,000 EUR/USD, aby usunąć swoją ekspozycję rynkową.

Żargon traderów

To jest mały dodatek, który zamieściłem dla tych z Was, którzy będą regularnie handlować na rynku FX.

Pierwszym z nich jest **Kabel (GBP/USD)**, termin, który będziecie słyszeć wielokrotnie i jest to funt brytyjski w stosunku do dolara amerykańskiego.

Swissie to frank szwajcarski (CHF)

Aussie to dolar australijski (AUD)

Kiwi to dolar nowozelandzki (NZD)

Loonie to dolar kanadyjski (CAD)

Figura

Są to 00 na końcu liczby, więc czasami podczas handlu możesz porozmawiać ze sprzedawcą, który może powiedzieć, że para euro/dolar ma wartość "1.33 figura", co oznacza 1.3300. Mówiąc prościej, jest to drugie miejsce po przecinku w notowaniach walutowych.

Stop Out

Wszystkie Twoje pozycje zostały zamknięte w momencie spadku salda poniżej wymaganego poziomu i jest to coś, czego nie chcesz usłyszeć.

Zlecenie OCO

Jedno zlecenie anuluje drugie, zwykle gdy masz połączone zlecenia limit i stop, jeśli jedno zostanie wypełnione, drugie zostanie anulowane.

Wypełnienie

Masz już swoją pozycję. Jeśli masz otwarte zlecenie 3-Drożne, które ma poziom ceny, na którym chcesz wejść na rynek, to po osiągnięciu tego poziomu zostaje ono wypełnione.

Ćwierć to 250,000

Połowa to 500,000

Jeden to jeden milion

Jak już wspomniano, znajomość tych pojęć ułatwi rozmowę z dealerami lub partnerami tradingowymi. Dla tych, którzy myślą o zarabianiu na życie w tradingu, zdecydowanie musisz znać te pojęcia.

Obliczenia Dotyczące Transakcji Walutowych

Wiele osób zawiera transakcje walutowe, ale większość nie rozumie, co się za nimi kryje. Zanim ktokolwiek wejdzie w handel walutami, ważne jest, aby był świadomy składników depozytu zabezpieczającego, obliczania rachunku zysków i strat oraz zasady rolowania. Przyjrzyjmy się tym obszarom.

Świadomość Wymagań Dotyczących Depozytu Zabezpieczającego

Na rynku Forex inwestorzy handlują na depozycie zabezpieczającym i nie wykonują fizycznych transakcji na FX. Fizyczny handel na FX to sytuacja, w której 1 dolar ma wartość 1 dolara. Dzięki handlowi z depozytem zabezpieczającym możesz otworzyć pozycję o wartości 1 miliona EUR/USD, z wymogiem depozytu zabezpieczającego 1%, czyli 10,000 Euro. Inny przykład to saldo konta wynoszące 10,000 z pozycją 100,000, co wymagałoby tylko 1000 Euro, aby utrzymać pozycję otwartą.

Zysk i Strata w Pipsach

Pipsy to najmniejsza zmiana ceny, jaka może mieć miejsce w kursie wymiany. Jako przykład używamy EUR/USD, 1.5280 wzrasta do 1.5281 to ruch o jeden pips. Mamy 0.9955 USD/CAD, przesuwa się do 0.9956 czyli również zachodzi ruch o jeden pips.

Weźmy przykład zysku i straty w pipsach: Kup 100,000 EUR/USD po 1.5100, wypłać zysk po 1.5160, co daje 60 pipsów. Masz stop loss na 1.5070, czyli po spadku o 30 pipsów. Są to dane z Twojej pozycji wejściowej.

W ujęciu pipsowym mamy tutaj tak zwany stosunek 2 do 1, kiedy zajmujesz pozycję długą EUR/USD na 1.5100, wybierasz zyski na poziomie 1.5160 i stop loss jest ustawiony na poziomie 1.5070.

Wartość Pipsów

Istnieje kilka sposobów obliczania wartości pipsa. Ponieważ jest to przewodnik oparty o rzeczywiste przykłady, użyjemy prostego sposobu. Posłużmy się przykładem EUR/USD, z 4 miejscami po przecinku, np. 1.5100, a wartość nominalna (kwota będąca przedmiotem obrotu) wynosi 100,000.

Najpierw policz ilość miejsc po przecinku, które masz, a w tym przykładzie jest to 4. Zaczynając od prawej, usuń 4 liczby z wartości nominalnej (100,000), a otrzymasz wartość każdego pipsa. Usuwając 4 zera zobaczymy, że każdy pips to 10 dolarów. Pamiętaj, jak mówiliśmy wcześniej, do obliczania zysków i strat używana jest waluta kwotowana czyli w tym przykładzie USD.

Zysk w wysokości 60 pipsów (60 x 10 USD) daje 600 USD, a jeśli miałeś stratę 30 pipsów (30 x 10) to 300 USD. Kiedy w swojej strategii używasz stosunku podejmowanego ryzyka do oczekiwanego zysku, to musi być tak, że Twoja szansa na zysk jest większa niż prawdopodobieństwo straty.

Rolowanie

To jest coś, co od wielu lat przyprawia traderów walutowych o ból głowy, ale nie jest to skomplikowana koncepcja. Wiele osób pomija swapy walutowe na szkoleniach, ale omówimy je tutaj.

Jeśli zajmujesz pozycję długą na EUR/USD, zajmujesz pozycję długą w Euro, a krótką na USD. Trzymasz Euro i zarobisz na nich odsetki.

Pożyczasz również lub shortujesz USD, dlatego płacisz odsetki od tego, co pożyczasz. Różnica w oprocentowaniu jest dodatnia lub ujemna, co stanowi Twój swap.

Z drugiej strony, jeśli shortujesz EUR/USD, masz krótkie Euro i długie USD. W tym przypadku pożyczasz Euro, a przetrzymujesz dolary amerykańskie. Różnica w oprocentowaniu jest dodatnia lub ujemna, co stanowi Twój swap.

INWESTOWANIE W AKCJE

P rzyjrzymy się sposobom handlu na rynku akcji oraz rzeczom, które moim zdaniem są ważne przy inwestowaniu w akcje.

Dywidendy

Dywidendy to świetne miejsce na początek. Dywidenda to dochód dla akcjonariusza będący dodatkiem do wzrostu wartości akcji.

Firmy oferujące dywidendy to zazwyczaj bardzo stabilne podmioty. Kiedy patrzysz na składniki, których poszukuje się w inwestowaniu kapitałowym, to jest to jeden z nich. Pamiętaj, że jest to inwestowanie w akcje, a nie handel.

Firmy oferujące dywidendy tradycyjnie są dobrze zarządzane, bo gdyby tak nie było, nie zostałoby nic na wypłatę dywidendy. To sprawia, że są dobrą alternatywą dla obligacji dla inwestorów, którzy nie chcą ponosić dużego ryzyka.

Poziomy Zadłużenia

Dług to kolejny czynnik, który należy wziąć pod uwagę przy podejmowaniu decyzji o zainwestowaniu w daną firmę. Musisz szukać firm z tak zwanym niskim wskaźnikiem aktywów obrotowych do bieżących zobowiązań. Stosunek w granicach od 1 do 3 jest w porządku.

Jednak w niektórych przypadkach zbyt duża ilość gotówki może być negatywnym czynnikiem, albowiem może być oznaką kilku rzeczy: Nie inwestują wystarczająco dużo w przyszłość oraz, że nad niczym sensownym nie pracują. Nadmiar gotówki może również oznaczać, że nie chcą dokonywać żadnych strategicznych zakupów. Wiele osób twierdzi, że jest to oznaką niewystarczającego proaktywnego myślenia ze strony kierownictwa firmy.

Pamiętaj, że wskaźnik jest względny dla sektora, który badasz. Na przykład firmy z sektora technologicznego mają kilkukrotnie wyższe wskaźniki ogólnego zadłużenia.

Wskaźnik PE – Stosunek ceny do zysku

Tyle warta jest firma na giełdzie w stosunku do przychodów z jej produktów i usług.

Jest to najczęściej stosowana metoda wyceny akcji, aby sprawdzić, czy są one odpowiednio wycenione. Wielokrotnie usłyszysz ten termin, dlatego ważne jest, abyś go zrozumiał. Używając prostego przykładu, jeśli firma ma akcje wyceniane na 50 milionów, a zyski wynoszą 5 milionów, wskaźnik P/E wynosi 10. Jak omówiliśmy w przypadku aktywów do zobowiązań, stosunek ten jest zależny od sektora, który badasz.

Dyrektorzy Handlowi

Dyrektorzy są zobowiązani do ujawnienia, kiedy obracają akcjami w swoich spółkach. Zwykle są najlepiej poinformowani w firmie, więc może to być wskazówka co do przyszłych wydarzeń, ale miej do tego wszystkiego dystans.

Niektórzy powiedzą, że dyrektorzy sprzedają, ponieważ w firmie dzieje się coś negatywnego, albo kupują, ponieważ są świadomi czegoś pozytywnego. Jest to wskaźnik, ale nie jest to w 100% pewne, gdyż powodem ich działania może być coś tak przyziemnego jak potrzeba gotówki. Mogą chcieć zainwestować w inne rzeczy lub mają nadmierną ilość akcji tej firmy i muszą ją zmniejszyć. Może to być również spowodowane końcem współpracy, dlatego nie zawsze jest to wyraźny znak, że dzieje się coś znaczącego.

Płynność i Wolumen

Płynność, o której wspomnieliśmy wcześniej jest równie ważna w inwestowaniu w akcje. Powiedziałbym, że nawet ważniejsza w przypadku inwestowania w akcje, ponieważ na rynku FX masz 24 godziny na wejście lub wyjście z transakcji. W przypadku akcji fizycznych w większości przypadków giełdy są otwarte między 09:00 a 17:00, w zależności od kraju.

Płynność i wolumen są ważne, ponieważ pozwalają z łatwością wypłacać zyski. Wspaniale jest patrzeć na wirtualne zyski, ale jeśli nie jesteś w stanie ich wypłacić to nie ma w tym niczego dobrego. Jeśli masz do czynienia ze stratą, może to zmienić się ze smutnego w koszmarny scenariusz, zakładając, że patrzysz jak strata rośnie i nie jesteś w stanie wyjść z transakcji, dlatego posiadanie płynności jest kluczowe.

Przyjrzyj się OTCBB lub tak zwanym Pink Sheets:

Są to akcje o niskiej płynności, które są przedmiotem obrotu na mniejszych giełdach, więc bądź bardzo ostrożny. Akcje te zwykle <u>nie</u> podlegają takim samym wymogom audytu jak akcje na głównych giełdach, a w połączeniu z niską płynnością stanowią przepis na nieprzespane noce.

Wyniki

Jak Twoje ulubione akcje wypadają w porównaniu z innymi? Muszą radzić sobie co najmniej tak samo dobrze, chyba że istnieje jakiś szczególny powód ich gorszych wyników.

Wydajność w różnych przedziałach czasowych

Jeśli jesteś inwestorem długoterminowym, pogoń za cotygodniowym zwycięzcą zwykle nie jest dobrą strategią inwestycyjną. Dlatego wybieraj akcje, których wyniki ściśle odzwierciedlają horyzont czasowy Twojej strategii inwestycyjnej.

ZLECENIA 3-DROŻNE

Składniki zlecenia 3-drożnego

Po spełnieniu warunków wejścia, Twoje początkowe zlecenie będzie Twoim zleceniem wejścia. Czasami jest ono nazywane zleceniem podstawowym i jest to zlecenie używane do wejścia w transakcję.

Następne jest Twoje zlecenie z limitem ceny czyli zlecenie realizacji zysków. W tym miejscu po prostu wycofujesz swoje zyski z rynku.

Wreszcie mamy zlecenie stop-loss, które służy do ograniczania strat. Złota zasada traderów brzmi "nie masz pieniędzy, nie handluj" i właśnie dlatego stop loss jest tak ważny.

Jakie są zalety zlecenia 3-drożnego?

Zdalny Trading

Zlecenia 3-drożne pozwalają na zdalny handel. Jest to wielka korzyść dla wielu osób, ponieważ większość z nas pracuje lub prowadzi działalność gospodarczą i nie ma czasu na siedzenie i oglądanie transakcji z minuty na minutę. Dzięki zleceniom 3-drożnym możesz być aktywny na rynkach bez siedzenia przy biurku lub ciągłego słuchania doniesień medialnych.

Dyscyplina

Zaszczepia to też dyscyplinę w Twoim handlu, ponieważ wszystkie parametry są definiowane przed wejściem w transakcję i jest to tak ważny punkt, że przyjrzymy się temu ponownie. Ustawienie parametrów przed rozpoczęciem handlu jest uważane za kluczowy czynnik, który stanowi różnicę między tymi, którzy na tradingu zarabiają, a tymi którzy tracą.

Traderzy instytucjonalni, czyli ludzie, których zawodem jest trading, używają wariacji tych 3-drożnych zleceń. To gdzie osiągną zysk, a gdzie zmniejszą straty, aby zachować gotówkę, jest ustalane przed wejściem w transakcję.

Minimalizacja emocji związanych z tradingiem

Gdy parametry są wstępnie zdefiniowane, nie pozostawiasz miejsca na ingerencję i rozpoczęcie zmiany wszystkiego w samym środku handlu. To jest kluczowe.

Trading oparty o wskaźniki

Trading wskaźnikowy to stosunek ryzyka do korzyści, który składa się z poziomu wejścia, stop lossa i docelowego zysku. Handel oparty o wskaźniki odnosi się również do stosunku zwycięstw do porażek lub 2 do 1, 3 do 1, itd.

Zacznijmy od hipotetycznej transakcji. Mamy cenę wejścia w parze Euro/Dolar, gdy kupujesz na poziomie 1.5550. Stop lossa ustawiłeś na poziomie 1.5525, czyli 25 pipsów poniżej. Zysk docelowy jest na poziomie 1.5600 czyli 50 pipsów powyżej. Taka kombinacja daje Ci stosunek 2 do 1.

Mając 3-drożne zlecenie ze stosunkiem 3 do 1, kupujesz EUR/USD po 1.5550, stop loss jest na poziomie 1.5525, czyli 25 pipsów niżej, natomiast zysk docelowy jest ustawiony na poziomie 1.5625. Stosunek ryzyka do korzyści wynosi zatem 3 do 1.

Wsparcie i Opór

Z poziomami wsparcia i oporu dochodzimy do podstaw analizy technicznej. Nie jest to rozdział poświęcony analizie technicznej, niemniej jego celem jest przedstawienie praktycznej analizy technicznej tego, co musisz wiedzieć, aby zawierać transakcje i miejmy nadzieję, osiągnąć zysk.

Poziom Wsparcia

Poziom wsparcia to cena, po której instrument będący przedmiotem obrotu historycznie miał trudności ze spadkiem poniżej. Niektórzy nazywają go podłogą. Ważne jest, aby pamiętać, że poziom wsparcia zmienia się wraz z Twoimi ramami czasowymi. Poziom wsparcia, który widzisz na wykresie godzinowym, będzie inny niż ten, który wyświetla się w przypadku dnia lub tygodnia. Dlatego używaj poziomów wsparcia i oporu, które odpowiadają ramom czasowym Twojego handlu.

Poziom Oporu

Poziom oporu to poziom ceny, przy którym waluta lub instrument, którym handlujesz, w przeszłości miał trudności z wejściem powyżej.

Ramy czasowe wykresu powinny pasować do horyzontu czasowego Twojego handlu. Jednogodzinny opór jest zupełnie inny niż tygodniowy czy miesięczny opór. Podobnie jak w przypadku poziomu wsparcia parametry muszą się zgadzać.

Dla tych, którzy chcieliby zagłębić się w analizę techniczną, mam inne zasoby z których możesz skorzystać.

POŁĄCZENIE WSZYSTKIEGO W CAŁOŚĆ

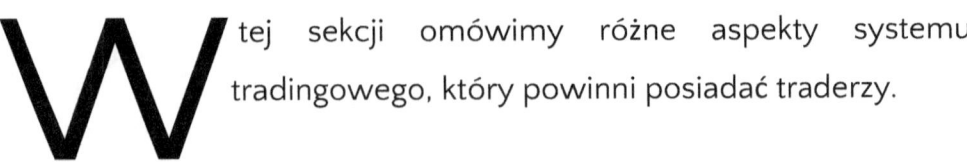

W tej sekcji omówimy różne aspekty systemu tradingowego, który powinni posiadać traderzy.

Platforma Tradingowa

Wybór platformy tradingowej jest ważny, ponieważ platforma jest pojazdem, którego używasz do prowadzenia handlu. Z racji tego, iż handel odbywa się online, ważne jest, abyś korzystał z platformy, która pasuje do Twojego stylu. Może obejmować ona wiele aktywów lub być taką, która jest bardziej podstawowa. Powinieneś też wiedzieć kto stoi za platformą. W dalszej części tej książki przyjrzymy się procesowi wyboru partnera tradingowego.

Cele

Bez celów naprawdę trudno jest rozpocząć trading. Analogia, którą słyszałem i której lubię używać w odniesieniu do celów, jest taka, że bez nich to tak samo jak pójść do kasy kolejowej i powiedzieć "daj mi bilet". Oczywiście Pani w kasie zapytałaby "bilet dokąd?".

Celami krótkoterminowymi mogą być tygodniowe lub miesięczne zyski. Są one kwestią indywidualną. Cele muszą odpowiadać Twojemu stylowi i wysokości kapitału podwyższonego ryzyka dostępnego dla Ciebie do tradingu.

Cele długoterminowe są często związane z Twoją strategią inwestycyjną. Są one również powiązane z celami krótkoterminowymi, ponieważ cele długoterminowe powinny opierać się na krótkoterminowych celach zysku. Musi istnieć tutaj dopasowanie, ponieważ jeśli masz tygodniowy cel 100 dolarów zysku, a miesięczny cel 1000 dolarów zysku, to istnieje rozbieżność, którą należy się zająć.

Musisz mieć też plan na trading, ponieważ bez niego narażasz się na potencjalnie ogromne straty. Bez planu zawieranie jakichkolwiek transakcji nie ma sensu.

Przygotowanie Psychiczne

Musisz być psychicznie gotowy do tradingu. Jeśli masz zamiar handlować i jesteś spięty lub zdenerwowany, musisz odpocząć od tradingu. Idź pomedytować, poćwicz, zrób coś innego, ale ważne jest, aby nie handlować, dopóki nie będziesz psychicznie gotowy.

W tradingu musisz mieć nastawienie, aby nie brać rzeczy do siebie. Wyrzuć emocje z handlu, nie walczysz przeciwko całemu światu. Twoim jedynym celem jest po prostu zarabianie pieniędzy.

Określ Swój Poziom Tolerancji Ryzyka

Jak wiele jesteś skłonny zaryzykować w każdej transakcji? Ważne jest, by pamiętać o złotej zasadzie traderów "brak pieniędzy, brak tradingu". Nie ma znaczenia co mówią Ci inne osoby, nie masz pieniędzy, nie handlujesz i trzeba to potraktować bardzo poważnie.

Jest to związane z Twoją tolerancją na ryzyko. Dla przykładu, jeśli Twoje saldo wynosi $10,000, a chcesz zaryzykować 1%, to kwota ta wynosi 100 dolarów. Oznacza to, że dla swojego kapitału ryzyka, niezależnie od tego, czym handlujesz, ustawiając stop loss, nie powinien on przekraczać $100.

Dokonaj Starannych Przygotowań

Zaczął się nowy dzień, komputer jest włączony, co się stało w nocy? Co się stało z Nikkei? Jako trader powinieneś być świadomy informacji, które pojawiły się z dnia na dzień, a co ważniejsze, jak zareagowały na nie rynki.

Na przykład, jeśli handlujesz na rynkach azjatyckich i mieszkasz w Europie lub na Karaibach, powinieneś być świadomy wiadomości, które pojawiły się z dnia na dzień, a co ważniejsze, jak zareagowały na nie rynki. Czasami, na to co teoretycznie powinno być dobrą wiadomością, rynki reagują negatywnie.

Inny przykład może być taki, że traderzy zauważyli, że jeśli Nikkei otwiera się na stracie, to rynki w Europie i Stanach Zjednoczonych również otworzą się ze stratą.

Co dziś będzie wypuszczone? Powiedzmy, że jest to raport, który może poruszyć rynki, taki jak płace poza rolnictwem czy wskaźnik cen towarów i usług konsumpcyjnych. Musisz wówczas spojrzeć na swoje pozycje, szczególnie jeśli handlujesz walutami, które są bardzo wrażliwe na takie dane.

Jak określić swój poziom wejścia

Znajomość poziomów wejścia oznacza, że masz dobry powód do każdej transakcji, której dokonujesz. Jeśli nie masz dobrego powodu, proponuję Ci wziąć swoje pieniądze i przekazać je organizacji charytatywnej. Musisz mieć dobry powód do zawarcia każdej transakcji.

Wybierając poziom wejścia, potrzebujesz właściwego stosunku ryzyka do zysku, który powinien odpowiadać Twojej tolerancji na ryzyko.

Pod uwagę brana jest również analiza techniczna/fundamentalna. Poziomy wsparcia i oporu, dochody firmy czy raporty rządowe są niezbędne przed dokonaniem jakiejkolwiek transakcji.

Jeśli handlujesz na rynku Forex, musisz być świadomy tego, gdzie znajdują się poziomy wsparcia i oporu w przedziale czasowym, w którym handlujesz.

Znaj Swoje Poziomy Wyjścia

Jaki masz cel zysku? Jest to tysiąc lub kilka tysięcy dolarów? Musisz być tego świadomy.

Kiedy ustawiasz stop loss, aby kontrolować straty, pierwszą rzeczą do zrobienia jest upewnienie się, że mieszczą się one w Twoich parametrach. Jeśli handlujesz w oparciu o wskaźniki, to ustalając stosunek, powinien on znajdować się na poziomie, na którym masz większy potencjał zysku niż straty.

Podobnie jak w przypadku poziomu wejścia, powinieneś znać analizę fundamentalną, poziomy wsparcia i oporu, a także złotą zasadę innych traderów, która brzmi "ogranicz swoje straty i pozwól zyskom rosnąć". Wielu traderów twierdzi, że zyski dbają same o siebie, ale musisz uważnie obserwować straty.

Prowadź Dziennik

Może to nie być opcja dla wszystkich, ale jest to coś, czego używam do rejestrowania moich transakcji. Obejmuje kilka rzeczy, m.in. w jakim momencie wszedłem w transakcję, mój poziom wyjścia i dlaczego uważałem, że transakcja była dobrym pomysłem, kiedy w nią wchodziłem.

Przeglądając swój dziennik, zaczniesz wykrywać wzorce i schematy, gdy te się pojawią. Możesz usunąć schemat, który nie działa, lub rozwinąć ten, który działa, co bardzo pomaga w poprawieniu skuteczności swoich transakcji.

Oceń Swoje Wyniki

Przejrzyj swój dzienny zysk lub stratę. Jest to ważne, ponieważ trading może być przyjemny, ale ostatecznie jest biznesem, a w nim chodzi o to, aby osiągnąć zysk. Jeśli podczas przeglądu zysków/strat odkryjesz, że nie jest to coś czego oczekiwałeś, Twoim obowiązkiem jest dowiedzieć się dlaczego.

Musisz także wiedzieć co kryło się za Twoimi dobrymi wynikami. Może to był czysty przypadek, a jeśli tak było, to świetnie, ale szczęście zwykle nie jest trwałą strategią handlu. Sugeruję zatem dokładne przejrzenie swojego dziennika, tak jak robię to ja. Czy za Twój dobry wynik odpowiadały wiadomości rynkowe? A może chodziło o rozmiar pozycji. Te czynniki mogą wpływać na wyniki.

Kolejnym krokiem jest wiedza jakie jutro wyjdą komunikaty medialne. Przeglądając nowe raporty, możesz aktywnie podchodzić do przyszłych transakcji. W zależności od publikowanych danych możesz wejść na rynek wcześniej niż inni.

TAKTYKI TRADINGOWE

W tym rozdziale omówimy główne powody, dla których inwestorzy tracą pieniądze, a co najważniejsze, powiemy jak temu zapobiec.

Nierealistyczne Oczekiwania

Podczas rozpoczynania przygody z tradingiem, podobnie jak w przypadku wielu innych rzeczy, ważne jest, aby mieć realistyczne wyobrażenie o tym, z czym masz do czynienia. Nierealistyczne oczekiwania mogą przybrać postać kogoś, kto zaczyna z rachunkiem mini-tradera o wartości $1000-2000 i oczekuje wzbogacenia się z dnia na dzień.

Możesz nawet zacząć od 100 lub 200 dolarów, nie ma w tym nic złego. Nie należy jednak przy takich kwotach oczekiwać, że w ciągu kilku dni będzie się mieć po 1000-2000 dolarów na swoich kontach. Istnieją firmy, które wspominają lub obiecują takie wyniki. Nie twierdzę, że jest to niemożliwe, twierdzę, że jest to mało prawdopodobne. Ważne jest, abyś miał poczucie rzeczywistości, gdy zajmujesz się tradingiem.

Brak Planu

Brak planu byłby podobny do przybycia do kasy linii lotniczych i powiedzenia "daj mi bilet", co nie ma większego sensu. Planując swój trading, pamiętaj, że musi być on zgodny z ramami czasowymi i wynikami, których oczekujesz.

Jeśli lubisz FX, dobrym pomysłem jest pozostanie przy FX i zbudowanie z tego podwalin, a później sprawdzenie innych instrumentów. Może nawet zacznij handlować kontraktami terminowymi na FX, ponieważ gdy już dobrze zrozumiesz FX, możesz zacząć szukać jego odgałęzień, na przykład na innych rynkach kontraktów terminowych.

Jeśli znasz się na handlu akcjami, możesz spróbować z kontraktami CFD (kontrakty na różnice kursowe), które są instrumentami pochodnymi na akcje. Handlują nimi aktywni traderzy. Wszystko będzie lepiej działać, gdy będziesz mieć konkretny plan.

Zbyt Duże Ryzyko

Może to być osoba, która ma na koncie 100 dolarów lub nawet 100,000. To nie kwota sama w sobie jest tutaj istotna, ale kwota, którą ryzykujesz w stosunku do dostępnych środków.

Oto prosty przykład. Jeśli masz na koncie $10,000 i handlujesz pozycją 100,000 EUR/USD, to każdy pips wynosi 10 dolarów. To niewiele, co jest w porządku w zależności od Twojej tolerancji na ryzyko. Jeśli następnie przejdziesz do handlu na pozycji 1,000,000, każdy pips zacznie być wart 100 dolarów. Jeśli masz na koncie $10,000 i zajmujesz pozycję długą, ruch o 10 pipsów w dół automatycznie oznacza stratę 1000 dolarów.

Mylenie Tradingu z Inwestowaniem

W latach, gdy byłem bankierem, miałem niezliczonych klientów, którym musiałem wielokrotnie podkreślać, że nie powinni mylić tych dwóch rzeczy. Trading polega na krótkoterminowym zarabianiu pieniędzy, jest działalnością generującą dochód, wchodzisz i wychodzisz z transakcji. Inwestowanie jest bardziej długoterminowe i zwykle trwa co najmniej rok. Może się zdarzyć, że niektóre z Twoich celów inwestycyjnych wynikają z Twojego tradingu, ale nie myl tych dwóch rzeczy.

Na rynku FX, który jest rynkiem aktywnym, nie inwestujesz, lecz handlujesz z nadzieją na zysk. Innym tego przykładem mogą być kontrakty CFD.

Niektórym może się to wydawać proste, ale biorąc pod uwagę swoje doświadczenie w doradzaniu klientom na całym świecie wiem, że wciąż jest wiele osób, które mylą trading z inwestowaniem.

Rozwiązania

Można rozmawiać o problemach i wyzwaniach, ale oczywiście potrzebujemy dla nich rozwiązań.

Niska Dźwignia

Aby uniknąć problemu ponoszenia zbyt dużego ryzyka, sprawdzonym rozwiązaniem jest wykorzystanie niskiej dźwigni. Planujesz otworzyć pozycję o wartości 100,000 dolarów na EUR/USD, gdzie każdy pips jest wart 10 dolarów. Jeśli nie jesteś w 100% pewien tej transakcji, lepiej będzie Ci zacząć od 50,000. Utrzymujesz dźwignię na niskim poziomie, ponieważ daje to czas na myślenie, pozwala na skuteczniejszą reakcję, a ponadto jesteś znacznie mniej podatny na zmiany na rynku.

Skalowanie Pozycji

Skalowanie pozycji to jedna z moich ulubionych strategii. Używam jej do inwestowania, a także do tradingu. Teoria, która kryje się za skalowaniem polega na tym, że pozwalasz rynkowi podpowiadać Ci co masz zrobić.

Powiedzmy, że planuję kupić 1000 akcji GCMS po dokonaniu analizy technicznej i fundamentalnej. Jak zacząć? Zacząłbym od pozycji 200 lub 250 akcji i pozwoliłbym rynkowi potwierdzić, czy dobrze zrobiłem. Jeśli kupiłem akcje GCMS po 100 dolarów i nagle skoczą do 125 za akcję, to świetnie, właśnie rynek potwierdził, że podjąłem właściwą decyzję. W tym przykładzie, gdybym zaczął od 200 akcji, dodałbym kolejne 200 lub 250 i powtarzał proces, aż osiągnę cel 1000 akcji.

Znajdą się tacy, którzy powiedzą, że nieco przegapiłem przejście z wartości $100 na $125, ale będąc cierpliwym, jestem też lepiej zabezpieczony. Z drugiej strony, wracając do skalowania, wyobraźmy sobie, że rynek poruszył się przeciwko mnie i zamiast już od początku zaryzykować posiadaniem 1000 akcji, których cena spada, miałbym ich tylko 200. Oczywiście gdzieś istnieje kompromis w tym wszystkim, ale moje doświadczenie wskazuje, że większe korzyści długofalowo odnoszą osoby korzystające ze strategii skalowania.

Inny przykład, powiedzmy, że kupiłeś 200 akcji po 100 dolarów za sztukę i cena nagle spada do 90. Moim zdaniem, zamiast sprzedawać wszystko od razu, powinieneś rozważyć sprzedaż tylko 50 lub 75 sztuk, ponieważ spadek może być spowodowany przesadzoną reakcją rynku. Istnieje kilka rzeczy, którą mogą wpływać na taki obrót zdarzeń, na przykład fałszywa plotka, a Ty z tego powodu znowu pozwoliłbyś rynkowi poprowadzić Cię niewłaściwą ścieżką. Oczywiście, jeśli cena nadal spada, to sprzedajesz więcej akcji. Posługując się analogią do jazdy autostradą, jeśli masz długą prostą, przyspieszasz, a jeśli masz dużo zakrętów, zwalniasz i zawsze to działa na Twoją korzyść.

Handluj na Płynnych Rynkach

Nie jestem w stanie zaakcentować jak ważne jest handlowanie na płynnych rynkach. Na rynku akcji są ludzie, którzy handlują akcjami Over the Counter Bulletin Board (OTCBB) czyli na rynku pozagiełdowym lub innymi akcjami o niskim obrocie, a na FX odpowiednikiem będą waluty egzotyczne (często o niskiej płynności) i jest to w porządku, o ile jesteś świadomy ryzyka. Płynność jest bardzo istotna, szczególnie dla tradera. Inwestor nie jest tak wrażliwy na upływający czas, natomiast jeśli handlujesz tam, gdzie musisz wykonywać nagłe ruchy, musisz być na płynnym rynku.

Płynność, żebyśmy się dobrze zrozumieli, to możliwość łatwego wchodzenia i wychodzenia z pozycji. Uczestnictwo w rynku oraz posiadanie zysków na papierze jest cudowne. Jeśli jednak przychodzi czas na wypłatę tych papierowych zysków, a Ty nie jesteś w stanie tego zrobić, to jest to kiepska sytuacja, w której nigdy nie powinieneś się znaleźć. Z drugiej strony, jeśli przegrywasz i nie możesz wyjść z tej pozycji, sytuacja może zamienić się w koszmar. Nie ma dla mnie znaczenia kto Ci udziela wskazówek i jakie blogi inwestycyjne czytasz. Musisz handlować na płynnych rynkach, nie ma innej drogi.

Trading Oparty o Aktualności

Ten segment jest dla traderów handlujących w oparciu o aktualności i jeśli myślisz o handlu na takich danych, czyli kiedy dane rynkowe są publikowane, to pomyśl raz jeszcze.

Istnieją różne systemy, których traderzy Ci używają do handlu w oparciu o aktualności, próbując być mądrzejszym niż banki. Mogę powiedzieć, że to nie jest taktyka, z której zalecałbym korzystać. Przede wszystkim banki nie są głupie, wiedzą kim są ich klienci i zatrudniają całe departamenty do monitorowania tego typu działań, aby upewnić się, że nie są oszukiwane.

Jeśli chcesz handlować na bazie aktualności, pamiętaj, że cena, po której Twoje zlecenie może zostać wypełnione lub zrealizowane, może bardzo różnić się od tego, o czym myślałeś. Dla tych, którzy handlują z dostawcami, którzy gwarantują ceny, założę się, że 9.99 na

10 ma klauzulę napisaną drobnym drukiem, która stwierdza, że taka gwarancja jest ważna tylko w normalnych warunkach rynkowych. Oznacza to, że cena, którą widzisz, może nie być tą, którą otrzymasz.

Wybór Par Walutowych

Na Forexie wybierz kilka par i poznaj je jak bliskiego przyjaciela. Wiele osób zaczyna na przykład od handlu walutami "głównymi", EUR/USD, GBP/USD, USD/CAD, USD/JPY lub AUD/USD. Spośród głównych, poznaj dobrze kilka z nich, niezależnie czy jest to EUR/SEK czyli Euro do Szwedzkiej Korony dla zainteresowanych rynkiem skandynawskim, czy EUR/JPY czyli Euro do Jena dla tych z pozostałej części Europy.

Osobiście w większości handluję tylko trzema lub czterema parami. Po pewnym czasie, gdy zaczniesz handlować tymi parami walutowymi, staną się one znajome i będziesz miał głębsze wyobrażenie o tym jak się poruszają.

Inne Taktyki

W przypadku kontraktów CFD lub akcji, zmiany w firmie lub informacje o spodziewanych zyskach są dobrymi okazjami, co oznacza, że ceny zmierzają w kierunku z ogłoszenia. Więc jeśli ogłoszą zmiany w firmie, są szanse, że ceny wzrosną. Z drugiej strony, przynajmniej statystycznie, kiedy firmy ogłaszają informacje o spodziewanych zyskach, ceny zwykle spadają. Jednak do końca kwartału te same spółki wielokrotnie przekraczały pułap niskich szacunków, które same ogłosiły, co prowadzi do wzrostu cen akcji. Tak więc mając nieco odwagi, możesz kupić akcje po początkowym spadku ceny w wyniku danego ogłoszenia. To może być Twoja transakcja porównywalna z wygraniem na loterii.

Strategiczne Składanie Zleceń

Najlepiej jest, gdy jesteś pierwszy w kolejce podczas wypełniania zleceń i ich składania z limitem, zanim pojawi się opór, ponieważ poziomy oporu są już wtedy znane wszystkim. Zlecenie najlepiej wypełnić przed osiągnięciem oporu, jeśli jesteś traderem technicznym, a przy wsparciu warto być nieco powyżej lub nieco poniżej poziomu wsparcia, jeśli jest to pozycja długa. Robisz to po to, aby upewnić się, że nie było to fałszywe przełamanie w dół.

Korzystaj z Zasad Delty

Trading delta lub zasady handlu delta istnieją od wielu lat. Zaczęło się od wyselekcjonowanej grupy ludzi, którzy nazywali się Społecznością Delta. Zapłacili dużo pieniędzy, aby dołączyć i nauczyć się zasad, które były okryte tajemnicą i mistyką.

Główne zasady polegają na tym, że kiedy ktoś handluje (a nie inwestuje), to widzi rynek niemal oczami dziecka. Akcje, które idą w górę, będą nadal rosły, więc je kupujesz, a te, które spadają, będą nadal to robić. Nic nie jest wykupione ani wyprzedane, po prostu podążasz za rynkiem.

Jest kilka narzędzi, które są potrzebne do realizacji tej strategii. Po pierwsze, musisz handlować aktywnymi akcjami. Te, które nieznacznie zmieniają wartość, nie mają zastosowania do tej strategii. Powinieneś również użyć filtra akcyjnego, który jest świetnym narzędziem, a większość z nich jest bezpłatna.

Filtry pomagają skutecznie lokalizować akcje, które rosną i te, które spadają. Zauważyłem, że podczas korzystania z filtrów najlepiej sprawdza się znalezienie zwycięzców w różnych przedziałach czasowych.

Przykładem może być pierwsze filtrowanie zwycięzców ostatnich trzech miesięcy. Następnie filtruj głębiej, aby znaleźć zwycięzców jednego miesiąca, a na koniec spójrz na zwycięzców jednego tygodnia. Ten proces filtrowania pozwala zobaczyć, które akcje konsekwentnie wygrywają w poszczególnych ramach czasowych. To są akcje, których ludzie chcą. Uzbrojony w te dane, masz lepszą podstawę do wyboru akcji do zakupu do swojego portfela tradingowego.

Jest to technika handlowa, a nie inwestowanie, ponieważ zwycięzcy jednego tygodnia lub miesiąca mogą nie być akcjami, które kupisz dla swojego długoterminowego portfela inwestycyjnego. Tylko dzięki zastosowaniu zasad odfiltrowywania zwycięzców z 3 miesięcy, 1 miesiąca lub 1 tygodnia wyprzedzasz wielu uczestników rynku. W zależności od agresywności Twojego stylu handlu możesz zmieniać ramy czasowe według własnego gustu. Jest to technika, którą zastosowałem z dobrymi wynikami.

Podsumowując, traderzy odnoszący największe sukcesy korzystają z systemu. Mają ustawione wejście, wyjście, rozmiar pozycji i skalują. Musisz mieć plan, gdyż to on odróżnia profesjonalistów od hazardzistów.

WYBÓR PARTNERA
DO TRADINGU

Przyjrzymy się ważnym aspektom wyboru partnera do tradingu.

Na co należy zwrócić uwagę?

Płynność

Płynność przez cały czas, szczególnie w okresach zmienności, o których mówiliśmy w poprzednich rozdziałach, jest tak ważna, że wspominamy o niej ponownie. Twój partner tradingowy musi być w stanie Ci to zapewnić.

Jest to ważne dla instrumentów, którymi handlujesz, czy to na FX, czy akcjami. Rynek Forex jest płynny, ale musisz również być z partnerem, który ma dostęp do tej płynności, w przeciwnym razie możesz znaleźć się w sytuacji, w której masz zysk, ale nie jesteś w stanie go wypłacić.

Szybka Realizacja

Szybka realizacja, dzięki czemu po kliknięciu uzyskasz wskazaną cenę. Płynność jest kluczowym czynnikiem w szybkości realizacji.

Wiarygodność

Podobnie jak w przypadku każdego rodzaju relacji, najlepiej działać z partnerem handlowym, który ma dobrą reputację i jest znany z tego, że jest godny zaufania i ma solidne podstawy finansowe. Nie powinieneś handlować z kimś, kto jest zagrożony upadkiem. Zachęcam do uzyskania rekomendacji od zaufanego przyjaciela.

Niezawodna platforma

Twoja platforma musi być niezawodna. Nie jest optymalne korzystanie z platformy, która często nie działa, gdy jesteś gotowy do handlu lub która doświadcza wielu problemów technicznych.

Jeśli handlujesz w normalnych warunkach rynkowych i często otrzymujesz różne ceny, jest to silny sygnał ostrzegawczy.

Dostęp do aktualności i danych rynkowych

Twoja platforma lub partner tradingowy powinien mieć dostęp do wiadomości lub tak zwanych wiadomości strumieniowych z różnych agencji prasowych takich jak Reuters czy Bloomberg. Warto, byś również miał dostęp do ich sposobu kształtowania tendencji rynkowych. Jeśli go nie mają, powinni być w stanie dostarczyć Ci dane o przepływie na rynku, na przykład jeśli inwestorzy mają obecnie długą pozycję na EUR/USD lub wydaje się, że nastąpił ruch w kierunku USD/JPY. Jest to ważne, w szczególności podczas handlu na rynku Forex.

Najlepszy zespół do spraw strategii

Żaden zespół do spraw strategii nie jest doskonały, ale potrzebujesz takiego, który jest niezawodny i któremu ufasz, że zapewnia bezstronną analizę rynku. Podobnie jak w przypadku innych tematów, porozmawiaj ze znajomymi, aby uzyskać ich opinie na temat zaleceń od strategicznych zespołów, z którymi współpracują.

System Niezawodnych Wykresów

Mamy takie powiedzenie, że wykresy służą "tylko do celów orientacyjnych", nie są rynkiem, ale potrzebujesz wykresów, które dają dobry obraz tego, gdzie rynek obecnie się znajduje. W zależności od systemu wykresów, wykres będzie odzwierciedlał tylko cenę sprzedaży.

W ciągu moich lat pracy w biurze handlowym miałem wiele rozmów z klientami po "złym wypełnieniu" (żargon handlowy, gdy Twoja transakcja została wykonana po cenie gorszej niż oczekiwałeś). W tych sporach klienci patrzyliby na wykres i mówili "ale wykres mówi to, a ja chcę dostać to". Pamiętaj, że wykres jest wskaźnikiem, a nie rynkiem samym w sobie.

Każdy broker, z którym masz do czynienia, powinien handlować tam, gdzie jest rynek, a nie na wykresie. Gdy masz do czynienia z profesjonalnym dealerem lub brokerem instytucjonalnym w sporze handlowym, najlepsze jest podyskutowanie o cenie rynkowej i trzymanie się z dala od tego, co mówi wykres. Jeśli są profesjonalistami, pierwszą rzeczą, o której Ci powiedzą jest to, gdzie był rynek, a nie gdzie był wykres, ponieważ ludzie handlują rynkami, a nie wykresami.

Jak znaleźć profesjonalistów?

Porozmawiaj ze znajomymi, którzy handlują i oczywiście możesz się też skontaktować ze mną.

Zasady Handlowania Na Rynku Forex w Oparciu o Aktualności

1. Tylko zlecenia i tylko na rynku, gdzie widoczny jest ruch. Pozwala mi to uniknąć rynków bez wyraźnych trendów (tam gdzie przegrywasz pieniądze, a zarabia tylko broker).

2. Posiadanie zleceń kupna lub sprzedaży 10-20 pipsów powyżej miejsca, w którym handlujemy. Oznacza to, że nie wchodzę w transakcję, chyba że istnieje prawdziwy ruch na rynku (w ten sposób unikam fałszywych przełamań i fałszerstw rynkowych). Tak, zdaję sobie sprawę, że przegapię część początkowego ruchu na rynku, ale jest to równoważone przez to, że NIE daję się zwieść fałszywym przełamaniom.

3. Nie handluj tak często jak inni, ale kiedy już to robisz, to tylko tam, gdzie jest spory ruch. Straty są ustalane przez stop loss (przed transakcją).

4. Najważniejszy stop-loss powinien być ustawiony na maksymalnie 12-15 pipsów. Zobacz punkt poniżej.

Trading to **biznes = zarządzanie pieniędzmi**, a nie głupia gra o to, czy masz rację, czy nie, tylko zarabiasz lub tracisz pieniądze.

TRADING Z WYKORZYSTANIEM ANALIZY TECHNICZNEJ

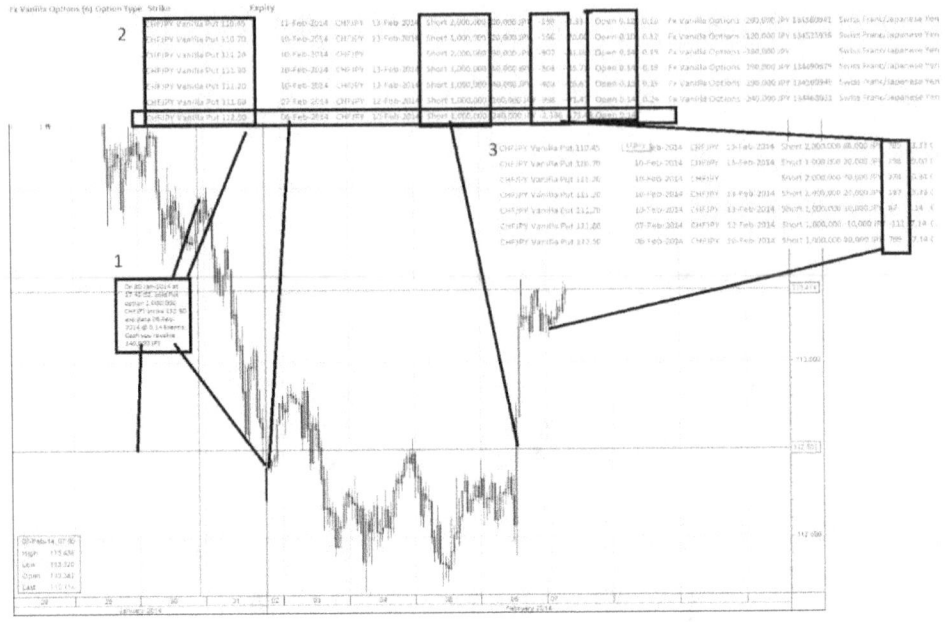

Ramy Czasowe Wykresu

Ramy czasowe to najbardziej krytyczny czynnik decyzji handlowej. Decyzja o kupnie lub sprzedaży zawsze zaczyna się od ram czasowych. Sygnał kupna lub sprzedaży dla day tradera różni się od swing tradera i w większości przypadków skrajnie różni się od długoterminowego tradera czy inwestora. Przykłady, których użyjemy, opierają się na ramach czasowych handlu krótkoterminowego/dziennego.

Day trading - Zamykanie pozycji w ciągu 24 godzin.

Swing trading - Transakcje są otwarte od kilku godzin do maksymalnie kilku dni.

Dla traderów krótkoterminowych ustawienie wykresu na 1 godzinę jest dobre dla uzyskania przeglądu rynku, a następnie podjęcia decyzji o handlu na wykresie 30 lub 15 minutowym. Im krótszy horyzont czasowy handlu, tym krótsze ramy czasowe wykresu.

Aby skorzystać z powyższych ustawień, zalecam stworzenie wykresów z różnymi ramami czasowymi i pozostawienie ich otwartych na swojej platformie transakcyjnej. Dzięki temu Twój trading będzie bardziej wydajny.

Ramy czasowe i Twoja lokalizacja w kanale kupna-sprzedaży

Po ustawieniu ram czasowych musisz zlokalizować, gdzie jesteś w kanale handlu (kanał handlu to obszar między wysokimi i niskimi pasmami Wstęg Bollingera). Jeśli jesteś blisko szczytu kanału, który wskazuje, że jesteś blisko potencjalnego poziomu odwrócenia (gdzie rynek się obraca/odwraca), np. jeśli zmierzasz w górę, a rynek nagle spada. Jeśli rynek jest na dole i nagle idzie w górę, to jest to również poziom odwrócenia.

Co robić na odwróconych poziomach

W tym miejscu trading staje się nieco trudny. Tylko dlatego, że jesteśmy na lub blisko poziomu odwrócenia, nie ma gwarancji, że rynek się odwróci. Możemy również doświadczyć przełamania (rynek będzie powyżej/poniżej znanych nam poziomów oporu lub wsparcia). Jeśli chcesz wiedzieć co zrobić dalej, to po prostu przejrzyj wykres pod kątem przeszłych ruchów na rynku (czy szedł w górę lub w dół) na poziomie cenowym, który chcesz zobaczyć i sprawdź co wydarzyło się na rynku ostatnim razem. Jest to ważne, ponieważ najbardziej istotny jest tutaj rynek, a nie to co myślisz Ty.

Dla przykładu, jeśli rynek zmierzał w dół, istnieje duża szansa, że zrobi to ponownie. Jednak to NIE jest gwarancja, a ponadto musisz być świadomy podstawowych danych (raport z aktualnościami czy dane ekonomiczne), ponieważ z powodu tych informacji to co stało się w przeszłości może być zupełnie nieważne.

Jeśli nie masz jeszcze otwartej pozycji, a rynek znajduje się na potencjalnym poziomie odwrócenia, jednym ze sposobów handlu jest ustawienie zlecenia kupna powyżej poziomu odwrócenia. Dlatego też, jeśli na rynku dojdzie do przełamania, to wchodzisz. Zlecenie kupna jest również częścią Twojego zarządzania ryzykiem, ponieważ pieniądze łatwo mogą stać się transakcją.

Po ustaleniu, gdzie jesteś w kanale kupna/sprzedaży, musisz zwrócić uwagę na wskaźnik RSI i to, co on Ci mówi. Musisz go dopasować do realizowanej transakcji. Więc jeśli wskaźnik RSI jest na poziomie nadmiernego wykupienia, a Ty jesteś blisko poziomów odwrócenia na Wstęgach Bollingera, to jest to znak, że masz dobrą potencjalną okazję do sprzedaży.

Idealne sygnały kupna

Najlepiej jest, aby przy sygnale kupna Twój RSI szedł w górę z poziomu 30-40 lub w jego pobliżu, dając duże prawdopodobieństwo przełamania. Jednocześnie dobrze jest, aby rynek znajdował się blisko dołu kanału w pasmach Wstęg Bollingera.

Jeśli używasz wykresów świecowych, dobrze aby były zielone (ceny się zamykają w górę). Musimy zobaczyć te same dane (w górę) z naszych narzędzi. Patrzenie na czerwone świeczki (ceny zamykające się w dół) i wykupienie (nadmierne kupowanie) poziomów RSI to mieszany sygnał. Mówi Ci to, abyś się tylko przyglądał i nie dokonywał transakcji dopóki sprawy nie staną się bardziej klarowne.

Idealne sygnały sprzedaży

Idealny sygnał sprzedaży jest po prostu przeciwieństwem powyższego. Innymi słowy, Twój RSI będzie spadał z poziomów 70-80. Jednocześnie rynek powinien znajdować się w pobliżu górnej części kanału w pasmach Wstęg Bollingera. Jeśli używasz wykresów świecowych, ceny powinny być czerwone (ceny się zamykają w dół).

Podsumowanie

W idealnym przypadku wykonasz transakcję w momencie, gdy wszystko jest tak bliskie ideału, jak to tylko możliwe. W obliczu szarych/nierozstrzygniętych obszarów sugerujemy użycie zleceń kupna lub sprzedaży. Zlecenia NIE są transakcjami, więc żadne pieniądze nie są zagrożone, dopóki zlecenia nie zostaną zrealizowane. Zlecenia te zostaną umieszczone w pobliżu idealnych poziomów, od których chcesz rozpocząć handel.

Jak już kilkakrotnie podkreślaliśmy, idealny scenariusz handlu czy nie, zawsze składasz zlecenie stop loss. Niestety, nawet najlepsze na świecie badania nie gwarantują opłacalnego tradingu.

Ustawienia narzędzi analizy technicznej

Wskaźnik RSI

Jeden RSI, domyślnie 14 jest w porządku dla większości transakcji FX, CFD i akcjami. Jednak w przypadku krótkoterminowych transakcji dziennych lub swing tradingu, 14 nie jest optymalne. Sugeruję 7 dla swing tradingu i do 4 dla day tradingu.

Wstęgi Bollingera

Domyślne ustawienia wydają się działać najlepiej dla większości traderów i sugeruję zachowanie tego ustawienia.

Średnie Kroczące

Używamy 50, 100, 200. 50 to sygnał ostrzegawczy, 100 krótkoterminowy, a 200 to długoterminowy.

DYPLOM
TRADINGOWY GCMS

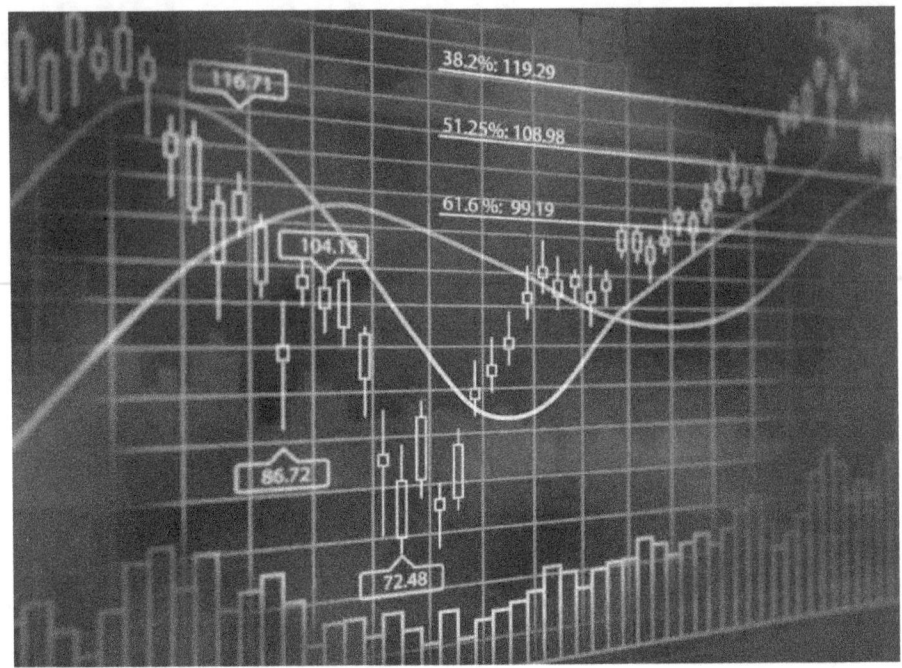

Podstawy Systemu Tradingowego

- Ramy Czasowe

- Narzędzie identyfikujące trend

- Narzędzia pomagające potwierdzić i filtrować trend

- Ustal swoją tolerancję ryzyka (rozmiar pozycji)

- Wybierz poziomy wejścia i wyjścia

- Przestrzegaj swoich zasad

Uwaga:

Odrobienie pracy domowej <u>nie</u> gwarantuje, że Twój trading będzie opłacalny, ale zwiększa Twoje szanse na sukces.

Jeśli dane techniczne czy fundamentalne są niejasne lub "nieuporządkowane", lepiej, abyś nie handlował.

PROFIL AUTORA

Wayne **Walker** jest dyrektorem globalnej firmy zajmującej się edukacją i doradztwem w zakresie rynków kapitałowych (gcmsonline.info). Posiada wieloletnie doświadczenie w szkoleniu i kierowaniu zespołami Doradców Inwestycyjnych oraz zarządzaniu zespołami osiągającymi najlepsze wyniki w Grupie Klientów Prywatnych w oparciu o Benchmark Dochodów (BME). Pan Walker szkolił traderów programu Citi-FX Pro w Londynie. Opracował również szkolenie 'Trading Rights' w Saxo Bank, które doradcy inwestycyjni musieli ukończyć zanim zostali dopuszczeni do tradingu. Jest certyfikowanym traderem zgodnie z Dyrektywą Rynków Instrumentów Finansowych (MiFID) UE i posiada kwalifikacje do doradzania najbardziej wymagającym klientom.

Pan Walker jest często zapraszanym komentatorem rynków kapitałowych w kilku międzynarodowych programach telewizyjnych i radiowych transmitujących na żywo.

Pan Walker posiada wiele certyfikatów i pracował na następujących stanowiskach:

- Dyrektor-Założyciel, (GCMS) Global Capital Market Solutions, Dania
- Menedżer ds. Sprzedaży i Tradingu, Ameryka Północna i Bliski Wschód, Saxo Bank, Dania
- Licencjat w Dziedzinie Nauk Ścisłych Uniwersytetu Stanu Nowy Jork, Buffalo, USA

- NASD Series 3 - Licencja na Handel i Doradztwo w Zakresie Kontraktów Terminowych na Rynku Amerykańskim

- Certyfikat ACI Dla Dealerów Rynków Finansowych - Zaliczony z Wyróżnieniem (Najwyższy Poziom), Francja

- Szkolenie w Zakresie Oprogramowania do Kwotowania Opcji Walutowych Bloomberga i UBS Banku